Des devinettes en délire !

Merci aux lectrices et aux lecteurs du magazine J'AIME LIRE pour leurs chouettes devinettes !

Illustrations : Christine Battuz

Bayard CANADA

Des devinettes en délire! est publié par Bayard Canada Livres.

Ces devinettes ont déjà été publiées dans le magazine *J'aime lire*.

Nous reconnaissons l'aide financière du gouvernement du Canada par l'entremise du Programme d'aide au développement de l'industrie de l'édition (PADIÉ) pour nos activités d'édition.

Dépôt légal –
Bibliothèque et Archives nationales du Québec, 2010
Bibliothèque et Archives Canada, 2010

ISBN 978-2-89579-335-9

Direction : Paule Brière
Mise en pages : Danielle Dugal
Couverture : Quatre-Quarts
Correction : Élyse-Andrée Héroux

4475, rue Frontenac
Montréal (Québec) H2H 2S2, Canada
Téléphone : 514 844-2111 ou 1 866 844-2111
Télécopieur : 514 278-0072
Courriel : edition@bayardcanada.com
Site Internet : www.bayardlivres.ca

Imprimé au Canada

C'est quoi ?

Quel est le pain préféré du magicien ?

La baguette.

Charade

Mon 1er est
un animal de la ferme.

Mon 2e est
l'endroit où on attend
un bateau.

Mon 3e est
une montagne.

Mon tout est aussi
piquant qu'un cactus.

Porc - quai - pic = Porc-épic

Pourquoi les arbres deviennent-ils rouges en automne?

Parce qu'ils sont gênés de perdre leurs feuilles.

Rébus

Coupe-vent

Alphabet fou

Quelles sont les lettres les plus tristes ?

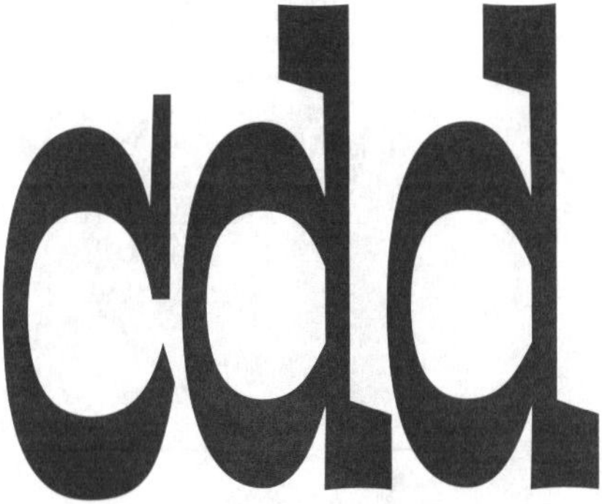

D - C - D = Décédé

Comble

Quel est le comble pour un électricien?

N'être au courant de rien.

C'est quoi?

Quelle danse fait le plus peur aux souris?

Le cha-cha-cha.

Charade

Mon 1er est une note de musique.

Mon 2e permet d'écrire au tableau.

Mon 3e n'est pas debout.

Mon 4e est une 3e personne du singulier.

Mon tout est très attendu par les élèves.

Ré - craie - assis - on = Récréation

Rébus

Cil - vin = Sylvain

C'est quoi?

**Elle glisse,
écrit et crisse,
du trottoir
au tableau noir.**

La craie.

Énigme

Une gomme : Ça colle ? Ça efface ? Ça se mange ?

Les trois : la gomme de sapin colle, la gomme à effacer efface et la gomme à mâcher se mange.

Combien ?

Dans la classe, il y a 23 élèves. Ils sont tous en récréation, sauf 7. Combien en reste-t-il ?

Il en reste 7
(alors que 16 sont en récréation).

C'est quoi?

Un, deux, trois
Bout de bois
Aiguise ta voix
Et crie pour moi.

Le crayon.

Charade

Mon 1er est un animal à poils.

Mon 2e est le petit de la vache.

Mon 3e comporte 365 jours.

Mon tout vole dans les airs.

Cerf - veau - l'an = Cerf-volant

Combien?

Deux avions se croisent en plein ciel. L'un est parti de Montréal à 6 h 30, et l'autre, de New York à 7 h 30. Le premier va à Toronto, et le deuxième, à Paris. La vitesse du deuxième est le double de celle du premier.

Quelle est la distance entre les deux avions lorsqu'ils se croisent?

La distance entre les avions est nulle, puisqu'ils se croisent…

C’est quoi?

Sandwich de papier pressé avec moutarde de mots entre deux tranches de carton.

Le livre.

Alphabet fou

Quelles sont les lettres préférées des dieux ?

D - S = Déesse

Charade

Mon 1er est
le participe passé
du verbe lire.

Mon 2e est
une note de musique.

Mon 3e est
ce que l'on respire.

Mon tout éclaire.

Lu - mi - air = Lumière

C'est quoi?

Qu'est-ce qui est aussi gros qu'un dinosaure, mais ne pèse rien?

Son ombre.

Qu'est-ce qu'on dit?

li-li-li-le-li-vre-ca-lulu-ca-lu-ca

Lili lit le livre qu'a lu Luc à Lucas.

Charade

Mon 1er est
un animal qui chasse
mon 2e.

Mon 2e est
un animal qui fuit
mon 1er.

Mon 3e est
la somme de 1 + 1.

Mon tout est une devinette.

Chat - rat - deux = Charade

C'est quoi?

Quelle est la danse préférée des sorcières?

Le ballet.

Qu'est-ce qu'on dit ?

Que disent les vampires quand ils saignent ?

– Ail !

C'est quoi?

**On peut les prendre,
mais on ne peut pas les tenir.**

Un bain ou une douche.

Charade

Mon 1er est
un contenant.

Mon 2e est
une note de musique.

Mon 3e est
produit par un instrument
de musique.

Mon tout plaît
aux carnivores.

Seau - si - son = Saucisson

Qu’est-ce qu’on dit ?

Madame Lou et monsieur Ine ont une fille. Comment s’appelle-t-elle ?

Éviva Lou-Ine (Et vive Halloween !)

Alphabet fou

Quelles lettres sont mortes?

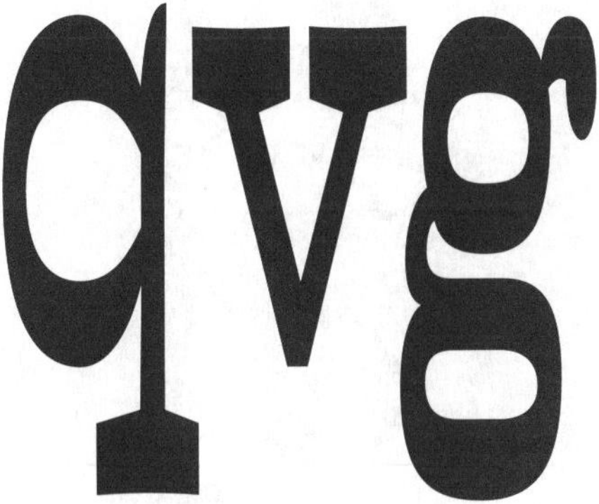

G - V - Q = J'ai vécu

C’est qui ?

Je franchis les forteresses,
je fais frémir les frileux,
j’affole les froussards
et, fffrouit ! je m’enfuis.

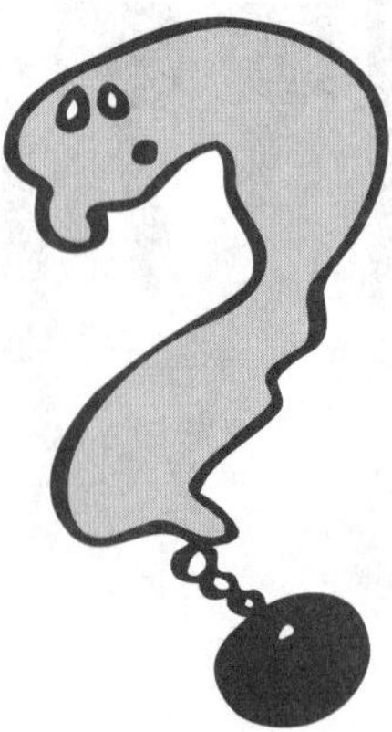

Un fantôme.

Charade

Mon 1er est
le bruit d'un coup.

Mon 2e est fait
de sable l'été
et de neige l'hiver.

Mon 3e est
le contraire de court.

Mon tout est un vêtement.

Pan - tas - long = Pantalon

C'est quoi?

Quel légume est le plus lourd?

Le pois.

Énigme

Quelle est la ressemblance entre un lit, un livre et une maison ?

Ils ont tous une couverture.

Qu'est-ce qu'on dit ?

Ta-de-ri-tan-tan
Ta-de-ra-tan-té

Tas de riz tentant, tas de rats tentés.

C'est quoi ?

Qui boit de l'eau sans l'avaler ?

Une éponge.

Charade

Mon 1er est
un outil coupant ou
une note de musique.

Mon 2e est
synonyme de peur.

Mon tout est
un légume d'automne
de couleur orange.

Si - trouille = Citrouille

Pourquoi?

Pourquoi les oiseaux s'envolent-ils vers le sud chaque automne?

Parce que ce serait trop long d'y aller à pied !

C'est quoi?

Qu'est-ce qui vole mais ne vole pas?

Le voleur. Il vole des choses, mais ne vole pas dans les airs.

Charade

**Je porte mon 1er
plein de provisions.**

**Je lance mon 2e
sur le jeu.**

**J'étale mon 3e
sur le papier.**

**Je remplis mon tout
de livres et de cahiers.**

Sac - dé - colle = Sac d'école

Pourquoi Dracula n'aime-t-il pas les malchanceux?

Parce qu'ils n'ont pas de veine!

Qu'est-ce qu'on dit ?

JÊ-ME-JÊ-ME-LI-RE

J'aime J'AIME LIRE !

Énigme

Un soir d'automne, un homme se perd dans la forêt. Il finit par trouver une cabane où se réchauffer. Il y a un tas de bois, un foyer, un poêle à bois et une seule allumette. Que va-t-il allumer en premier ?

L'allumette, bien sûr !

Pourquoi?

Pourquoi ne doit-on pas manger dans une bibliothèque quand on est au régime?

Parce que c'est là qu'on prend le plus de livres !

Charade

Mon tout jette mon 1er.

Mon tout coupe son bois avec mon 2e.

Mon tout vole dans mon 3e.

Sort - scie - air = Sorcière

Qu'est-ce qu'on dit ?

En Russie,
comment se nomment...
1. Les concierges ?
2. Les paresseux ?
3. Les enrhumés ?

1. Ytor Lamop
2. YdorYépatof
3. Yrnif Lamorv

Énigme

**La sorcière est fière,
le balai est laid,
et les chandails sont...**

Pleins d'ail !

Charade

Mon 1er n'est pas propre.

Mon 2e est une voyelle.

Mon 3e est un gaz.

Mon tout est un vêtement de travail.

Sale - O - pet = Salopette

Alphabet fou

Quelle est la lettre la plus mouillée de l'alphabet ?

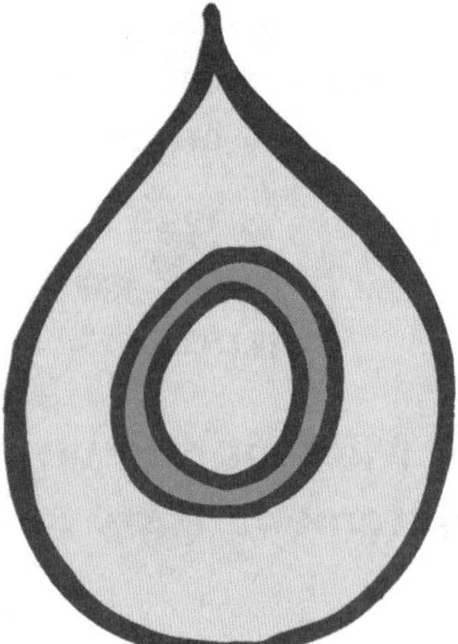

La lettre « O ».

C'est quoi?

Je n'ai pas de cheveux et je souris toujours.

La chauve-souris.

Combien ?

Il y a 10 oiseaux dans un arbre. J'en tue un. Combien en reste-t-il ?

Aucun : les 9 autres ont eu peur, ils sont partis.

Charade

Mon 1er se mange beaucoup en Chine.

Mon 2e est le contraire de la mort.

Mon 3e était avant aujourd'hui.

Mon tout est un cours d'eau.

Riz - vie - hier = Rivière

Énigme

De quelle forme sont les maisons où vivent les fantômes?

Elles sont en « T » (hantées).

C'est quoi?

Quel est l'arbre que les paresseux aiment le moins?

Le bouleau (boulot).

Charade

Mon 1er est
un outil de menuisier.

Mon 2e est
creusé par les lièvres.

Mon 3e est
un cri de douleur.

Mon tout est
une décoration
pour Halloween.

Scie - trou - ouille ! = Citrouille

Rébus

Chat – pot = Chapeau

C'est quoi?

J'ai 5 doigts, mais je n'ai pas d'ongles.

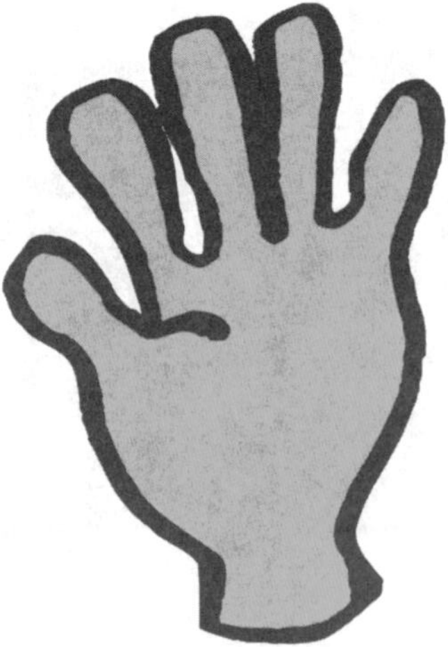

Un gant.

Énigme

Quelles sont les chaussures préférées des musiciens?

Les chaussures faciles à cirer (fa-si-la-si-ré).

Charade

Mon 1er est la 2e note de la gamme.

Mon 2e est synonyme d'invente.

Mon 3e est la 1re lettre de l'alphabet.

Mon 4e est ce que nous faisons avec un outil coupant.

Les élèves adorent mon tout à l'école.

Ré - crée - A - scions = Récréation

C'est quoi?

Pour vivre, j'ai besoin qu'on me nourrisse. Mais si vous me donnez à boire, je mourrai.

Le feu.

Combien ?

La plus vieille femme du monde a l'âge de son frère plus l'âge de son arrière-petite-fille, divisé par le double de l'âge de sa fille, multiplié par le dixième de l'âge de son petit-fils. Quel âge a-t-elle ?

Un an de plus que l'an dernier !

Charade

Mon 1er est un expert.

Mon 2e est une partie du corps.

Mon 3e est un membre de la famille.

Mon tout travaille à l'école.

Pro - fesse - sœur = Professeur

C'est quoi ?

Qu'est-ce qui a des boutons mais qui ne se gratte pas ?

Une chemise.

Qu’est-ce qu’on dit?

Comment dit-on «c’est facile» dans la langue des sorcières?

C’est pas sorcier!

Combien?

Combien y a-t-il de lettres dans l'alphabet?

ABC

9 lettres : l=1, a=2, l=3, p=4,
h=5, a=6, b=7, e=8, t=9.

C'est quoi?

Qu'est-ce qui est bien à l'abri, mais est toujours mouillé?

La langue.

Qu'est-ce qu'on dit ?

Qu'est-ce qu'un 9 dit à un 6 ?

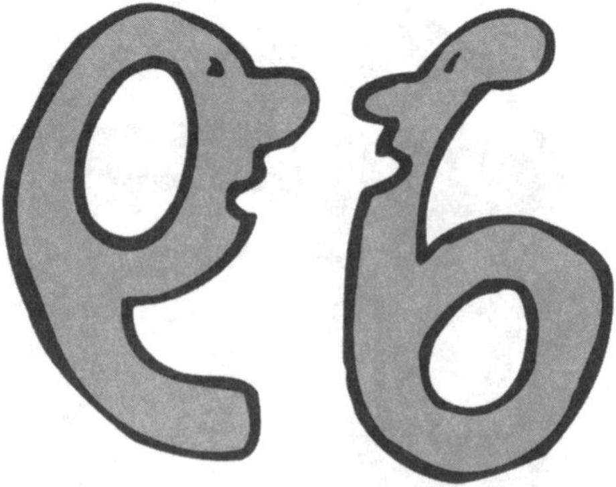

Tu es tombé sur la tête ?!

Charade

Mon 1er a dévoré le Petit Chaperon rouge.

On fait mon 2e en voyant une étoile filante.

Mon 3e n'est pas tard.

Mon tout est le petit de mon premier.

Loup - voeu - tôt = Louveteau

C'est quoi?

Qu'est-ce qui a deux branches mais pas de feuilles?

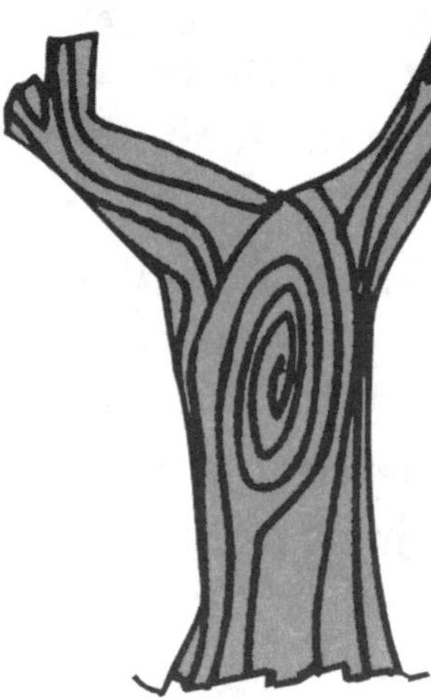

Une paire de lunettes.

Comble

Quel est le comble de la petitesse?

Être le dernier à s'apercevoir qu'il pleut.

Qu'est qu'on dit?

Madame Tatou et monsieur Lékou ont une fille gaffeuse. Comment s'appelle-t-elle?

Sara Tatou-Lékou (Ça rate à tous les coups).

C'est quoi?

Comment appelle-t-on des squelettes qui parlent fort?

Des haut-parleurs (os parleurs).

Énigme

Le hibou bout,
la chauve-souris rit
et qu'est-ce qui rouille ?

La citrouille.

Alphabet fou

Quelles sont les lettres les plus vieilles ?

A - G = Âgé

C'est quoi?

Qu'est-ce qui est grand et vert avec plein de boutons?

Je ne sais pas, mais il y en a un derrière toi!

Charade

Mon 1er est égal à 4, 12, 52 ou 365.

Mon 2e est une boisson chaude.

Mon tout qualifie une maison qui fait peur.

An - thé = Hantée

Qu'est-ce qu'on dit ?

Que se dit un squelette en se voyant dans le miroir ?

Il est temps que j'arrête mon régime !

C'est quoi?

Petit ou long, droit et rond,
je glisse sur le papier
pour écrire dans ton cahier,
et quand je me casse,
tu me tailles.

Un crayon.

Charade

Mon 1er est un aliment que les Chinois aiment.

Mon 2e se forme lorsqu'on brasse la bière.

Mon 3e est un sport d'hiver.

Mon tout est une ville du Québec.

Riz - mousse - ski = Rimouski

Pourquoi?

Pourquoi les vampires détestent-ils les savants?

Parce qu'ils ont des idées brillantes !

C'est quoi?

Atroce!
Féroce!
Paquet d'os!

Le squelette.

Alphabet fou

Quelles sont les lettres qui puent le plus?

G - P - T = J'ai pété

Énigme

Un avion s'écrase à la frontière, entre le Canada et les États-Unis. Où va-t-on enterrer les survivants ?

Nulle part, ils sont encore vivants !

Charade

Mon 1er est
la 19e lettre
de l'alphabet.

Mon 2e est
utilisé aux échecs.

Mon tout est
un agent indiscret.

5 - pion : espion

C'est quoi?

Quels animaux sortent dehors sans quitter leur maison?

La tortue et l'escargot.

C’est qui?

Quelqu’un regarde un album de photos de famille et dit: «Miam, la bonne recette!»

C’est un cannibale !

Charade

Mon 1er se place entre deux mots.

Mon 2e se place entre deux feuilles de papier.

Mon tout est l'endroit qu'on fréquente entre la garderie et le cégep.

Et - colle = École

Qu'est-ce qu'on dit ?

Au Japon, comment dit-on...

1. Accident de voiture ?

2. Petite culotte ?

3. Photo ?

1. Yapétésatoto
2. Sakafoufoune
3. Pabouiémaclike

Énigme

Quel est le futur de « voler » ?

Être emprisonné !

Pourquoi les animaux de la ferme ne parlent-ils pas?

Parce qu'il est écrit « la ferme » sur la porte !

C'est quoi ?

Qu'est-ce qui vole mais ne vole pas ?

Un oiseau. Il vole dans les airs
mais ne vole pas de choses.

Qu'est-ce qu'on dit ?

Comment appelle-t-on un gaucher malhabile ?

Un malagauche.

Charade

Petit ou gros, mon 1er
est composé de lettres.

Blanc ou brun, mon 2e
est au milieu du pain.

Vieux et sec, mon tout
est enveloppé
de bandelettes.

Mot - mie = Momie

C’est quoi?

En été, j’ai un bel habit.
En automne,
je perds des plumes.
En hiver, je suis nu.

Un arbre.

Qu’est-ce qu’on dit ?

Que demande un chat grippé à la pharmacie ?

Du sirop pour ma toux (matou).

C'est quoi ?

Quel est le mot le plus long du dictionnaire ?

Élastique, parce qu'il s'étire.

Charade

Mon 1er souffle
pendant la tempête.

Mon 2e est
le contraire de mieux.

Mon tout
n'aime pas l'ail,
mais il aime le sang.

Vent - pire = Vampire

Qu'est-ce qu'on dit?

Comment appelle-t-on quelqu'un qui n'arrête pas de parler alors que personne ne l'écoute?

Un professeur.

Énigme

Quelle est la différence entre un dentiste et un professeur ?

Le dentiste te demande d'ouvrir la bouche,
le professeur te demande de la fermer !

C'est qui?

Qui est le chanteur préféré des gens riches?

Johnny Cash.

Qu'est-ce qu'on dit ?

Comment appelle-t-on un chien qui a un coup de soleil ?

Un chien chaud.

Combien ?

Tu conduis un autobus.
Au 1er arrêt, 15 personnes montent à bord.
Au 2e arrêt, 7 personnes descendent et 4 montent.
Au 3e arrêt, 3 personnes montent et 8 descendent.
Au 4e arrêt, 6 personnes descendent et personne ne monte.
Au 5e arrêt, 12 personnes montent et 5 desendent.
Quel est l'âge du conducteur ?

Ton âge ! C'est toi qui conduis !

Charade

Mon 1er se remplace par « parce que ».

Mon 2e est rond et roule.

Mon 3e est un assaisonnement.

Mon tout fait tourner les enfants.

Car - roue - sel = Carrousel

Pourquoi ?

J'ai eu 100 %, et pourtant, j'ai raté mes examens.

J'ai eu 50 % en maths
et 50 % en français.

Énigme

Quel est le pays le plus éloigné du Canada ?

Le Canada, car il faut faire le tour de la Terre pour y arriver !

Charade

Mon **1er** est
la 1re lettre
de l'alphabet.

Mon **2e** est
ce que fait le roi.

Mon **3e** se trouve
à la fin de l'année.

Mon tout a 8 pattes
et 1 toile.

A - règne - ée = Araignée

Tu aimes jouer avec les mots ?
Tu sais inventer des charades ?
Tu connais des devinettes amusantes ?

Envoie-les-nous,
elles pourraient être
publiées dans le
magazine J'AIME LIRE
ou dans un prochain livre.

J'aime lire des devinettes
Bayard Canada
4475, rue Frontenac
Montréal (Québec)
H2H 2S2